Bibliografische Information der Deutschen Nationalbibliothek:

Die Deutsche Bibliothek verzeichnet diese Publikation in der Deutschen National-
bibliografie; detaillierte bibliografische Daten sind im Internet über http://dnb.d-
nb.de/ abrufbar.

Impressum:

Copyright © 1990 GRIN Verlag, Open Publishing GmbH
Druck und Bindung: Books on Demand GmbH, Norderstedt Germany
ISBN: 978-3-668-12426-4

Dieses Buch bei GRIN:

http://www.grin.com/de/e-book/313277/die-universitaet-wittenberg-gruendungs-
phase-und-bauliche-ausstattung

Kathrin Ellwardt

Die Universität Wittenberg. Gründungsphase und bauliche Ausstattung

GRIN Verlag

GRIN - Your knowledge has value

Der GRIN Verlag publiziert seit 1998 wissenschaftliche Arbeiten von Studenten, Hochschullehrern und anderen Akademikern als eBook und gedrucktes Buch. Die Verlagswebsite www.grin.com ist die ideale Plattform zur Veröffentlichung von Hausarbeiten, Abschlussarbeiten, wissenschaftlichen Aufsätzen, Dissertationen und Fachbüchern.

Besuchen Sie uns im Internet:

http://www.grin.com/

http://www.facebook.com/grincom

http://www.twitter.com/grin_com

Philipps - Universität Marburg

Fachbereich Geschichte - Fachgebiet Neuere und Neueste Geschichte

Wintersemester 1989 / 90

Proseminar: Studenten und Universitäten zu Beginn der Neuzeit

Die Universität Wittenberg
*
Gründungsphase
und
bauliche Ausstattung

Bearbeiterin: Kathrin Ellwardt
4. Fachsemester

Studienfächer: Kunstgeschichte
Mittlere und Neuere Geschichte
Graphik und Malerei

Ansprechende, sicher geschriebene Arbeit; stilistisch ansprechend, Abbildung sorgfältig zusammengestellt. Sehr gut (1)

⟨

Inhaltsverzeichnis

1. Einleitung

Wenn heute von der Universität Wittenberg die Rede ist, denkt man zuerst an die Reformation und an den wohl berühmtesten Lehrer dieser Hochschule: Martin Luther. Die Universität Wittenberg wurde jedoch keineswegs der Reformation wegen oder gar durch Luther selbst gegründet. Als Luther 1508 erstmals nach Wittenberg kam, bestand die Universität bereits seit sechs Jahren.

Gegründet worden war sie im Jahre 1502 durch den sächsischen Kurfürsten Friedrich III. (1486-1525) aus dem Hause Wettin. Die entscheidende Initiative war also vom Landesherrn ausgegangen. Der Kurfürst finanzierte seine Universität teilweise aus eigener Tasche und behielt sich so eine unmittelbare Einflußmöglichkeit vor. Die neugegründete Hochschule stand von Anfang an dem HUmanismus offen.Zu dieser Zeit war allerdings noch nicht abzusehen, daß hier eine Bewegung ihren Anfang nehmen würde, die die gesamte christliche Welt verändern sollte.

Die vorliegende Arbeit befaßt sich zunächst mit der eigentlichen Gründungsphase der Wittenberger Universität, der "Leucorea". Dabei sollen die historisch-politischen Hintergründe beleuchtet werden, die den Anstoß zur Einrichtung einer Hochschule gegeben haben. Im Mittelpunkt steht die Person des Gründers: Kurfürst Friedrich der Weise von Sachsen. Ein interessanter Punkt ist die Privilegierung: im Falle Wittenberg erfolgte erstmals die Privilegierung durch den König vor der Bestätigung durch den Papst. - Auf die Anfänge des Lehrbetriebes im allgemeinen sowie auf die Einflüsse von Humanismus und Reformation im besonderen kann an dieser Stelle nicht näher eingegangen werden, um den vorgegebenen Rahmen nicht zu sprengen.

Zur Geschichte der Universität Wittenberg gibt es umfangreiche Sekundärliteratur, die aber nur wenig neue Forschungsergebnisse bringt. Maßgeblich ist immer noch die Universitätsgeschichte von Walter Friedensburg[1] aus dem Jahre 1917. Lediglich zur Biographie Friedrichs des Weisen liegt mit der Leipziger Dissertation von Bernd Stephan[2] eine umfassende neuere Darstellung vor.

Der zweite Teil meiner Untersuchung beschäftigt sich mit der baulichen Ausstattung der Leucorea im 16. Jahrhundert. Einige der Universitätsbauten sind ja bis heute erhalten, wenngleich in stark verändertem Zustand. Die Baulichkeiten haben das Interesse der historischen Forschung weniger stark geweckt. Die Darstellungen zur Universitätsgeschichte behandeln die Gebäude zumeist nur marginal, und ihre Angaben zu Baudaten o.ä. sind spärlich und wenig zuverlässig. Daher stütze ich mich im wesentlichen auf das Inventar der Wittenberger Denkmale[3], auf die Urkunden sowie auf zeitgenössische bildliche Quellen.

2. Die Gründung der Universität Wittenberg

2.1 Vorgeschichte und Anlaß

Friedrich der Weise gründete die Universität Wittenberg als die akademische Bildungsstätte des Kurfürstentums Sachsen, da in seinem Territorium keine Hochschule vorhanden war. Zwar hatte in Sachsen bereits vorher eine solche bestanden: die 1409 durch Markgraf Friedrich von Meißen gegründete Universität Leipzig. Aber die Wettiner Lande waren 1485 geteilt worden. Nach dem Tode Markgraf Friedrichs des Sanftmütigen (1464) hatten dessen Söhne, Ernst und Albrecht, die Regierungsgeschäfte vorerst gemeinsam geführt. Infolge von Auseinandersetzungen hatten sie sich jedoch 1485 entschlossen, das Land zu teilen. Der Ältere, Ernst, behielt die Kurwürde[4]. Die Stadt Leipzig mit ihrer Universität wurde aber dem albertinischen Landesteil zugeschlagen. "Die Teilung (konnte) der Macht und dem Ansehen des Hauses Wettin natürlich nur nachteilig sein; auch legte sie den Grund zu fast ununterbrochenen Streitigkeiten zwischen den beiden Linien."[5] Im August 1486 starb Kurfürst Ernst. Seine beiden Söhne, Kurfürst Friedrich III. und Herzog Johann, übernahmen gemeinsam die Regierung.

Das Kurfürstentum Sachsen besaß also seit 1485 keine eigene Universität mehr - ein erhebliches Manko für einen Territorialstaat. Eine eigene Hochschule war für einen Landesherrn, für einen Kurfürsten besonders, zunächst ein Prestigeobjekt: "Landesherren konnten Universitäten gründen, sie mußten es bis zu einem gewissen Grade aber auch. Zum eigenen Land gehörte eine solche Einrichtung, mit der man etwas für den Glauben der Untertanen, für das allgemeine Wohl und für die Sicherheit der eigenen Herrschaft tat."[6] Mehr noch war eine Universität aber eine finanzielle und praktisch-politische Notwendigkeit. Für den Aufbau einer Verwaltungsorganisation wurden Beamte und Juristen gebraucht, die mit den Gegebenheiten des Landes vertraut waren. Desgleichen schien es sinnvoll, auch die Kleriker im Lande selbst auszubilden. "Zum einen diente diese Universität der Heranbildung qualifizierten Nachwuchses für alle Bereiche territorialstaatlicher Tätigkeit und des öffentlichen Lebens, zum anderen stellte sie eine Institution dar, die auch für den Fürsten beratend tätig wurde, vor allem in Rechtsfragen ..."[7] Studenten an fremden Hochschulen ausbilden zu lassen, war unpraktisch und brachte zudem Geld außer Landes. Auswärtige Fachleute heranzuziehen, belastete ebenso den Staatshaushalt. Zudem wäre man so von ausländischen Institutionen abhängig geworden.

Einen zusätzlichen und nicht unwichtigen Anreiz zur Errichtung einer eigenen Universität stellte für Friedrich die Konkurrenz zu seinen Verwandten, den Albertinern, dar. Insbesondere seit dem Regierungsantritt Herzog Georgs 1500 gab es immer wieder Spannungen. In Leipzig blickte man mit Sorge auf die nahegelegene Neugründung, die klar als Konkurrenz verstanden wurde.[8] Immerhin hatte Leipzig einen seiner Professoren, den Theologen und Mediziner Martin Polich von Mellerstadt, an Wittenberg verloren: ein Gelehrtenstreit hatte ihn bewogen, Leipzig zu verlassen. Schließlich begründen Friedrich und Johann in der Eröffnungsankündigung ihre Hochschulgründung unter anderem mit dem "unfleiß und mangel guter und gelerter meister"[9], wie STEPHAN meint, "mit Blickrichtung Leipzig".[10]

2.2 Die Wahl des Standortes Wittenberg

Als Standort der neuen Universität wählte der Fürst Wittenberg, seine Haupt- und Residenzstadt, mit der die Kurwürde verknüpft war. Friedrich bemühte sich schon bald nach seinem Regierungsantritt, dem ziemlich reizlosen und heruntergekommenen Städtchen ein repräsentativeres Gesicht zu verleihen. So ließ er das Schloß mit der Schloßkirche sowie eine neue Elbbrücke erbauen. Die Einrichtung der Hochschule brachte der Stadt dann einen raschen wirtschaftlichen und kulturellen Aufschwung. Wittenberg wurde bald zum geistigen Zentrum Kursachsens. Dadurch daß die Universität "gewissermaßen im Herzen des kursächsischen Territorialstaates" eingerichtet wurde, "wurde sie gleichsam zum Symbol landesherrlicher Macht und Souveränität, zumal sie mit ihren Gelehrten und ihrer Lehrautorität auch eine repräsentative Funktion erfüllte, die dem Kurfürsten, der ja auf Prestigezuwachs und Bewahrung seines Ansehens erpicht war, sehr gelegen kam."[11]

2.3 Friedrich der Weise und seine Kulturpolitik

Die Entstehung der Wittenberger Universität ist letztlich nur der Initiative eines einzelnen Mannes zu verdanken: des sächsischen Kurfürsten Friedrich III. Den Beinamen "der Weise" erhielt er wegen seiner umfangreichen Förderung der Künste und Wissenschaften, vor allem des Humanismus. Er schützte Luther, als dieser den Zorn der römischen Kirche auf sich gezogen hatte, und ermöglichte so den Durchbruch der reformatorischen Lehre. Zeitlebens zog er namhafte Künstler, Kunsthandwerker und Gelehrte an seinen Hof.[12] Dennoch war er weniger Mäzen als praktisch denkender Landesherr. "Ein Fürst, der Kunstwerke bestellte und kaufte, zeigte damit seinen Reichtum und unterstrich seine Bedeutung."[13] In einer Zeit, in der die höfische Kultur des späten Mittelalters noch als Lebensideal galt, stand die Absicht zu repräsentieren im Vordergrund. Und gerade der Herrscher eines relativ kleinen Territoriums, wie Kursachsen es nun einmal war, mußte seinen Fürstenkollegen gegenüber sein Gesicht wahren. Dies kommt am stärksten bei Friedrichs Baumaßnahmen zum Ausdruck. Mit dem Bau des Schlosses und der Schloßkirche wurde in Wittenberg "eine Repräsentationsresidenz geschaffen ..., wie sie andere Fürsten auch besaßen."[14]

2.4 Die Privilegierung durch den König

2.4.1 Der politische Kontext

Am 6.Juli 1502 stellte Maximilian I. in Ulm das Gründungsprivileg für die Wittenberger Universität aus. Dieses Datum muß in seinem historisch-politischen Zusammenhang gesehen werden. Dazu ist ein Blick auf Friedrichs Verhältnis zu Maximilian vonnöten.

Die Ausstellung des Stiftsbriefes fällt in eine Phase, als sich das Verhältnis zwischen dem König und dem sächsischen Kurfürsten zunehmend verschlechterte. Zunächst hatte zwischen beiden ein fast freundschaftliches Einvernehmen geherrscht. Friedrich hatte sich sehr um eine Pflege der gegenseitigen Beziehungen bemüht, nicht zuletzt aufgrund des hohen Ansehens, das sein Vetter, Herzog Albrecht, bei Hofe genoß, und er hatte politische Aufgaben bei Hofe übernommen.[15] Dann jedoch änderte Maximilian seine Politik. Friedrichs Aktivitäten waren zunichte. Hierdurch und wohl auch durch den Bruch eines Eheversprechens[16] wiederholt brüskiert zog Friedrich sich 1488 vom königlichen Hof zurück und widmete sich fortan verstärkt seinem eigenen Machtbereich.

In dieser Zeit formierte sich unter den Reichsfürsten unter der Führung von Bertold von Mainz eine Opposition gegen die Machtstellung des Königs. Bertolds Reichsreformplan sah eine Stärkung der Befugnisse der Stände vor. Friedrich schloß sich dem Oppositionslager an. Anfang Juli 1502 trafen sich die Kurfürsten in Gelnhausen, um über ihr weiteres Vorgehen zu beschließen.

KLEIN stellt fest: "Genau in die Zeit des Gelnhausener Tages fällt das berühmte Ulmer Diplom König Maximilians I. vom 6.Juli 1502, mit dem er seine Zustimmung zu der von Kurfürst Friedrich geplanten Errichtung einer Universität zu Wittenberg im Kurland Sachsen erteilte." Zwar seien die Motive des Königs, gerade auf dem Höhepunkt des Konfliktes dieses Privileg auszustellen, nicht geklärt, aber schon der Zeitpunkt lasse einen Zusammenhang vermuten: "War es etwa das Ziel des Königs, den sächsischen Kurfürsten wieder an sich zu ziehen und einen Keil in die Front der konspirierenden Fürsten zu treiben?"[17] Die Vermutung liegt durchaus nahe, zumal Friedrich nicht der einzige war, dem der König in diesen Tagen besondere Vergünstigungen gewährte. Jedenfalls verlief die kurfürstliche Opposition in den Folgejahren weitgehend im Sande.

2.4.2 Der Stiftsbrief vom 6.Juli 1502[18]

Der Stiftsbrief Maximilians steht am Anfang der eigentlichen Universitätsgeschichte. Im Unterschied zu allen vorangegangenen Universitätsgründungen steht damit nicht die Privilegierung

durch den Papst, sondern durch die weltliche Obrigkeit im Vordergrund. Der König richtet auf Bitten Friedrichs "universitatem sive
studium generale et gymnasium" in Wittenberg ein, wo "in omnibus
facultatibus, videlicet in sacra theologia, in utroque jure tam
canonico quam civili, in artibus et medicina, necnon in philosophia
et quibuscumque scientiis" gelesen und gelehrt werden soll. Vorge-
sehen ist also eine vollständige traditionelle Vier-Fakultäten-Uni-
versität, von der "baccalarii, magistri, licentiati sive doctores
pro uniuscuiusque scientia et doctrina creari", d.h. alle akademischen Grade verliehen werden können. Die hier promovierten Doktoren
sollen denen der etablierten Universitäten gleichgestellt werden
und "possint in omnibus locis et terris sacri Romani imperii et
ubique terrarum libere omnes actus doctorum legendi, docendi,
interpretandi et glosandi facere et exercere." Die Universität
darf sich mit Zustimmung des Landesherrn "statuta et ordinationes
juxta consuetudinem caeterarum universitatum" geben sowie einen
Rektor, Syndici und andere Universitätsbeamte wählen. Der Rektor
übt die Rechtsprechung über die Universitätsangehörigen aus. Alle
Mitglieder der Universität sind von der Jurisdiktion anderer Macht-
haber außer der des Königs und des Landesherrn eximiert.
Alles in allem sollen sich die Universität sowie ihre Doktoren
und Scholaren aller Privilegien erfreuen, "quibus universitates
Bononiensis, Senensis, Patavina, Papiensis, Perusina, Parisiensis
et Lipsensis[19] ac alia studia privilegiata ac doctores et
scolastici sive promoti aut aliqua dignitate sive gradu insigniti
gaudent aut potiuntur." Damit wird die Leucorea rechtlich mit den
bestehenden Universitäten gleichgestellt und die Anerkennung
der in Wittenberg verliehenen akademischen Grade gesichert.

2.5 Die Eröffnung

Nach Erhalt des königlichen Privilegs forcierte Friedrich das
Zustandekommen seiner Hochschulgründung. Schon am 24. August 1502
gaben er und sein Bruder ein gedrucktes Patent in deutscher Spra-
che heraus[20], das die Eröffnung einer Universität in Wittenberg
"uff itzund Luce des heiligen evangelisten fest", d.h. für den
18. Oktober desselben Jahres, ankündigt. Die Fürsten stellen fest,
"das viel leute und personen sind vom adel und anderen

stenden, die zu lernen lieb und neigung haben, auch darzu geschickt erfunden werden, aber des durch unfleiß und mangel guter und gelerter meister verhindert und geseumpt". Daher haben sie beschlossen, "etlich gelerte personen, doctores und meister in unser stat Wittenberg ... zu bestellen und verorden uß vergunst und erlaubnus der oberhant, in den freien künsten, der heiligen schrift, geistlichen und werntlichen rechten, arzenei, poeterei und anderen künsten ... zu lesen und exerciren, auch in denselben künsten zu promoviren." Die Promotion soll für die folgenden drei Jahre kostenlos sein. - Die Möglichkeit des kostenlosen Promovierens wurde bis 1509 verlängert[21], um einen Anreiz für den Besuch der Leucorea zu bieten, denn die Universität hatte in den ersten Jahren mit erheblichen Anfangsschwierigkeiten zu kämpfen.

Am 18. Oktober 1502 fanden in der Schloßkirche in Abwesenheit der Fürsten die Eröffnungsfeierlichkeiten statt. Die neue Universität erhielt den Namen "Leucorea" (von Wittenberg = weißer Berg). Zu ihrem ersten Rektor wurde Martin Polich von Mellerstadt gewählt.

2.6 Die Bestätigung durch die Kirche

Wittenberg ist die erste Hochschulgründung, die anfangs nur durch die weltliche Macht ihre Rechte verliehen bekam. Bis dahin hatte immer eine Privilegierung durch den Papst an erster Stelle gestanden. Friedrich verzichtete darauf zunächst und wandte sich stattdessen an den weltlichen Herrn, den König . Erst fünf Jahre später wurde die päpstliche Privilegierung nachgeholt. Dieser Sachverhalt ist in der Forschung wiederholt diskutiert worden und hat zu unterschiedlichen Interpretationen geführt.

Laut FRIEDENSBURG "darf der Umstand, daß als erste deutsche Hochschule Wittenberg ohne die Beteiligung der geistlichen Macht ins Leben getreten ist, als ein Schritt auf dem Wege zur Befreiung unseres Vaterlandes vom geistigen Drucke Roms gewertet werden."[22] BLASCHKA sieht darin ein Zeichen "für die mittlerweile völlig unbestritten anerkannte Rechtsanschauung, daß Universitäten Reichsregal seien."[23] TIMM meint: "Kurfürst Friedrich glaubte zunächst auf die Zustimmung des Papstes ganz verzichten zu können, holte sie dann aber 1507 ... doch nach. Man kann bei diesem

Vorgehen zwar keine antipäpstliche Einstellung des Kurfürsten erkennen, wohl aber die Auswirkung einer beginnenden Säkularisation und einer neuen Haltung zu den Wissenschaften."[24]

Das anfängliche Fehlen der päpstlichen Privilegierung sollte allerdings nicht überbewertet werden. Schon FRIEDENSBURG beurteilt dies nicht als "Gegensatz zum Papsttum oder zum geistlichen Element."[25] Eine erste Bestätigung von kirchlicher Seite wurde in der Tat ziemlich rasch erteilt. In einer Urkunde vom 2.Februar 1503 bestätigt der Kardinallegat Raimund Peraudi, Bischof von Gurk, die Rechte der Universität.[26] Eine zweite Urkunde, die an demselben Tage ausgestellt wurde, beinhaltet ein besonderes Privileg über die Promotionen in der Theologie und im Kirchenrecht.[27]

Auch STEPHAN hält die "These von der Wittenberger Universität als erster deutscher Staatsuniversität" für zweifelhaft. Seiner Meinung nach "wäre es für den vorsichtigen, in Rechtsfragen hochempfindlichen sächsischen Kurfürsten schlechterdings ein untragbarer Zustand gewesen, die neue Universität in einem Sonderstatus zu wissen, der rechtliche Nachteile und die Infragestellung ihrer Existenz mit sich bringen konnte." Der strenggläubige Friedrich hätte mit Sicherheit keine Brüskierung der Kirche beabsichtigt; in Rom wäre sein Vorgehen auch nicht als solche verstanden worden.[28]

Eine Anerkennung der Leucorea durch die Kirche war schon deshalb dringend erforderlich, damit die Finanzierung gesichert werden konnte: Friedrich plante, der Universität umfangreiches Kirchengut zu inkorporieren, unter anderem das zur Schloßkirche gehörende Allerheiligenstift. Hierzu war schließlich doch noch eine Zustimmung der allerhöchsten geistlichen Instanz erforderlich, die fünf Jahre nach der Eröffnung erteilt wurde. In einer Urkunde vom 20.Juni 1507 inkorporierte Papst Julius II. das Allerheiligenstift der Wittenberger Universität, bestätigte diese und verlieh ihren Angehörigen alle Rechte, die die Angehörigen anderer Hochschulen genossen.[29]

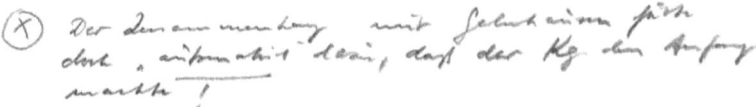

4. Die bauliche Ausstattung

Obwohl die Universität Wittenberg heute nicht mehr besteht[30], sind in der Stadt noch eine Reihe von Gebäuden aus dem 16. Jahrhundert erhalten, die damals von der Universität genutzt wurden: die Schloß- und Universitätskirche, das Alte Collegium, das Augusteum mit dem Lutherhaus und das Wohnhaus Melanchthons. Diese Bauten sind aber zum Teil stark verändert, so daß der ursprüngliche Zustand anhand zeitgenössischer Abbildungen rekonstruiert werden muß. Das Neue Collegium und das Collegium Juridicium sind nicht erhalten.

Ein Blick auf den Plan des Stadtkerns (Abb.1) läßt drei Brennpunkte erkennen: ganz im Westen das herrschaftliche Zentrum mit Residenzschloß und Schloßkirche, ungefähr in der Mitte des Stadtgebiets das städtisch-bürgerliche Zentrum mit Markt, Rathaus und Stadtkirche, und ganz im Osten das Universitätsviertel mit den wichtigsten Kollegiengebäuden (Fridericianum und Augusteum mit dem Lutherhaus), wie es Abb.2 zeigt. Dennoch waren die Universitätseinrichtungen nicht alle hier konzentriert: das Juristenkolleg lag weit abseits an der nordwestlichen Stadtmauer, die beiden Bursen, deren Lage bekannt ist, im Herzen der Stadt unweit der Stadtkirche, und auch die Schloßkirche gehörte zur Universität. Somit griff die Universität auf andere Bereiche der Stadt über. Es ist klar, daß eine so umfangreiche Einrichtung wie die Leucorea dem Erscheinungsbild und dem gesamten täglichen Leben gerade einer so kleinen Stadt wie Wittenberg unweigerlich ihren Stempel aufdrücken mußte.

Allerdings war von all diesen Baulichkeiten am Tage der Eröffnung der Leucorea noch so gut wie nichts vorhanden. Im Gegenteil: die neue Universität, die ja innerhalb von sehr kurzer Zeit ins Leben gerufen worden war, fing praktisch bei Null an. Es fehlten Vorlesungsräume und Unterküfte für die Studenten. Gelesen wurde zunächst im Beichtigerhaus des Franziskanerklosters. Im folgenden Jahr entstand als erstes Kollegiengebäude das Alte Collegium.[31] Das einzige Gebäude, das 1502 bereits vorhanden, wenn auch noch nicht vollendet war, war die Schloßkirche.

4.1 Die Schloßkirche Allerheiligen

Nach seinem Regierungsantritt 1486 begann Friedrich schon sehr bald, sich in seiner Hauptstadt eine repräsentative Residenz zu schaffen. Die alte Askanierburg wurde abgetragen; an ihrer Stelle entstand ab 1490 der Neubau des Schlosses. 1496/97 begannen die Bauarbeiten an der Schloßkirche. Der Entwurf stammte von dem Architekten Konrad Pflüger[32]. 1498/99 waren die Außenmauern vollendet, 1501/02 das Dach, erst 1506/07 die Gewölbe. Als die Universität 1502 mit einem Festakt in der Schloßkirche eröffnet wurde, war das Gebäude also noch längst nicht fertiggestellt.

Das zur Schloßkirche gehörige Allerheiligenstift wurde der Universität inkorporiert, wodurch die Finanzierung teilweise gesichert und zwölf Professorenstellen besetzt wurden. Die Kirche selbst wurde als Universitätskirche und Aula genutzt, zusätzlich zu ihrer Funktion als Hofkirche. Hier fanden die Festlichkeiten der Universität statt, insbesondere die Rektorwahlen.

Die Schloßkirche ist nach mehreren Zerstörungen, Um- und Wiederaufbauten inzwischen so stark verändert, daß von der ursprünglichen Gestalt des Innenraums außer den Reformatorengräbern fast nichts mehr zu sehen ist. 1760, während des Siebenjährigen Krieges, brannte die Kirche aus; danach erhielt sie eine spätbarocke Innenausstattung. 1813 wurde der Turm stark beschädigt, als die heranrückenden Preußen die Stadt unter Beschuß nahmen. Ende des 19. Jahrhunderts schließlich erhielt die Kirche bei einem erneuten Umbau ihr heutiges, neugotisches Gesicht.

Wie die erste Innenausstattung ausgesehen haben könnte, läßt sich höchstens noch nachvollziehen anhand einer Zeichnung von M.A. Siebenhaar aus der Zeit um 1730 (Abb.3) - immerhin zwei Jahrhunderte nach Vollendung des Baues, aber vor der ersten großen Zerstörung. Die Frage bleibt, wieviel in der Zwischenzeit verändert worden ist. - Diese Zeichnung zeigt den Blick vom Altar ins Langhaus. Danach handelt es sich um einen einschiffigen Saalbau mit einer hohen umlaufenden Empore, frei überspannt von einem spätgotischen Netzgewölbe. Deutlich zu erkennen ist das Katheder, das vor dem Altar steht.

Von der Außenansicht existiert hingegen eine Abbildung, die

unmittelbar nach Fertigstellung des Gebäudes entstand: einen Holzschnitt aus dem Jahre 1509, der aus der Werkstatt Lucas Cranachs
stammt. Zu sehen ist die Nordfassade des spätgotischen Baues.
An das einschiffige Langhaus schließt sich ohne Einschnürung der
Chor an. Der Aufriß ist von außen eingeschossig mit durchlaufenden
Fensterbahnen. Dahinter sind die innen eingezogenen Emporen
erkennbar. Die Fenster sind durch gotisches Maßwerk gegliedert.
Gleichfalls gotisch sind die Strebepfeiler, die aber offenbar
mit Renaissanceelementen verziert sind: die Darstellung läßt auf
pilasterartige Dekorformen schließen. Dies ist bei Sakralbauten des
frühen 16. Jahrhunderts nichts Ungewöhnliches. - Die Fassade
trägt im westlichen Teil einen Ziergiebel. Über dem Chor
erhebt sich ein Dachreiter. Durch zwei Portale, die über Brücken
erreicht werden, kann die Kirche von dieser Seite her betreten werden. Bei dem in der Mitte der Fassade gelegenen Portal mit seiner
reichen skulpturalen Ausstattung handelt es sich um das Hauptportal
der Kirche, an das Luther am 31. Oktober 1517 seine Thesen schlug.

Auf die Nordwestecke des Baukörpers ist ein Rundturm gestellt,
der mit seinem maßwerkverzierten Helm den Bau beherrscht. Der
Grundriß des Schloßkomplexes (Abb.5) verdeutlicht, daß die Kirche
den Nordflügel der dreiflügeligen Anlage bildet. Der asymmetrisch
auf der Ecke stehende Kirchturm korrespondiert mit dem Schloßturm
auf der Südwestecke, so daß beide Türme die Westfassade quasi
einrahmen. Die Kirche ist als Bestandteil des Gesamtkomplexes
gedacht und geplant, wird aber durch ihre Fassadengestaltung
ausgezeichnet.

3.2 Das Fridericianum

3.2.1 Das Alte Collegium

Das erste Hochschulgebäude Wittenbergs entstand 1503 an der
östlichen Collegienstraße nach einem Entwurf von Schloßbaumeister
Konrad Pflüger. Zunächst wurde der an der Elbe gelegene Flügel
errichtet. Das Gebäude wurde nach seinem Stifter, Friedrich dem
Weisen, "Fridericianum"^x oder auch "Altes Collegium" genannt. Eine
Bauaufnahme aus dem Jahre 1605 (Abb.6) überliefert die Ansicht sowie
den Grundriß des Erdgeschosses. Danach war das Alte Collegium

dreigeschossig mit Satteldach und einem erhöhten Mittelteil über dem Haupteingang. Im Erdgeschoß befand sich östlich des Durchganges das Alte Auditorium (auch Philosophisches Auditorium, Auditorium Albim oder Großes Lectorium genannt). Westlich lagen der Locus Anatomicus und das Auditorium Medicum. Die niedrigeren Obergeschosse enthielten Stipendiatenstuben.

Im Urkundenbuch wird das Alte Collegium erstmals 1504 erwähnt: Polich und Georg Herter schließen ein Abkommen über die von Herter übernommene Beköstigung der Studenten und über die nötigen Nutzgebäude.[33] Wurde das Gebäude zu diesem Zeitpunkt bezogen?

Das Alte Collegium ist zwar noch vorhanden, aber völlig verändert. ~~Heute wird~~ Später wurde es als Kaserne genutzt.

3.2.2 Das Neue Collegium

Der Raum im Alten Collegium reichte vermutlich von Anfang an nicht aus. 1509/10 erbaute man parallel dazu direkt an der Straße einen zweiten Flügel, das Neue Collegium. Der Name "Fridericianum" galt nun für den ganzen Komplex. Eine Urkunde vom 27.September 1511 meldet: "His diebus prope consumatum est collegium novum sumtibus ducalibus architecto Antonio Nymeck, officiali principis."[34] In der Matrikel vom Wintersemester 1645 findet sich eine Miniatur (Abb.7), die den Hof des Fridericianum mit dem Neuen (links) und dem Alten Collegium darstellt. Die Raumorganisation im Neuen Collegium war ähnlich wie im Alten: im Erdgeschoß lagen das Auditorium maius der Theologen sowie ein weiterer Hörsaal, in den Obergeschossen und unter dem Dach Studentenstuben.

Im Osten des Hofes stand das sogenannte Neue Haus, der Amtssitz der Universitätsverwaltung. Baudaten sind nicht überliefert; es soll aber schon im 16. Jahrhundert bestanden haben.

Das Neue Collegium wurde 1842 wegen Baufälligkeit abgebrochen.

3.3 Das Collegium Juridicium

Langes Tauziehen gab es um den Bau des dritten Kollegiengebäudes, des Collegium Juridicium. Die Juristen hatten bis dahin in der Merkuriusburse gelesen. 1519 suchte man nach einem Bauplatz.[35] Beim Fridericianum war kein Raum mehr für einen Neubau. Außerdem wollte

man das Juristenkolleg möglichst weit entfernt bauen - des Friedens
halber, denn die Feindschaft zwischen den Schülern der Juristen-
und Artistenfakultät war bekannt.[36] Der Rat der Stadt stellte
schließlich seinen Marstall als Bauplatz zur Verfügung.
Die Baumaßnahmen gingen nur schleppend voran, vor allem
deshalb, weil der Kurfürst mit dem Geld knauserte. Der Briefwechsel
zwischen Universität und Kurfürst bezüglich der Finanzierung des
Neubaus ist beträchtlichen Umfangs.[37] 1524 waren Umfassungsmauern
und Dach vollendet. Für 700 Gulden wurden 1538 zwei Drittel des
Gebäudes an Privatleute verkauft und mit dem Geld der Rest fertiggestellt.[38] Das Collegium Juridicium enthielt das Auditorium
Ictorum und das Universitätsarchiv. 1760 brannte es aus. Die Ruine
wurde 1784 abgetragen.

3.4 Die Bursen

Aus den Quellen sind in Wittenberg zwei Bursen nachweisbar:
die Mercuriusburse und die Sophienburse. Deren Lage wird im
Stadtplan (Abb.1) zwar angegeben, ist aber nicht endgültig gesichert.
Die Mercuriusburse lag "prope cemiterium beate Virginis."[39] Die Sophienburse soll in unmittelbarer Nähe des Augustinerklosters
gelegen haben.

3.5 Das Lutherhaus

Das sogenannte Lutherhaus war ursprünglich als Klostergebäude
der Augustinereremiten errichtet worden, nachdem sich diese im Jahre
1503 in Wittenberg niedergelassen hatten. Martin Luther,
der ja Augustiner war, bewohnte eine Zelle in diesem Konventhaus.
Luther hielt sich 1508/09 erstmals in Wittenberg auf, kehrte an-
schließend für zwei Jahre nach Erfurt zurück und kam 1511 wieder
nach Wittenberg, wo er 1512 seine Professur der Theologie antrat.
Nach dem Durchbruch der Reformation verließen die Mönche 1523 das
Kloster. Luther blieb. Nach seiner Heirat erhielt er das Klostergebäude vom Kurfürsten als Freihaus. Luther und seine Familie

wohnten hier bis 1564, dann verkauften die Erben es an die Universität. Das Haus verfügte über einen eigenen Hörsaal und eine Reihe
von Studentenstuben. In den Sechziger Jahren wurde es zum Collegium
umgestaltet und nach Kurfürst August das "Augusteum" genannt.
Das Lutherhaus ist weitgehend in seinem ursprünglichen
Zustand erhalten: ein langgestreckter dreigeschossiger Baukörper
mit Satteldach und einem vorspringenden Treppenturm auf der
Hofseite. Es beherbergt heute das Museum für Reformationsgeschichte
und die Luther-Gedenkräume.

Um 1580-86 bekam das Augusteum einen Erweiterungsflügel
direkt an der Straße, wie der Lageplan zeigt (Abb.8). In diesen
Trakt überführte man 1598 die Universitätsbibliothek, die bis dahin
im Schloß untergebracht gewesen war.

3.6 Das Melanchthonhaus

In unmittelbarer Nähe des Lutherhauses ist das Wohnhaus eines
anderen bedeutenden Professors erhalten: das Haus Philipp Melan- -
chthons in der Collegienstraße 62, zwischen Augusteum und Fridericianum. Melanchthon hatte 1520 erworben, doch das vorhandene Haus
mußte 1536 wegen Baufälligkeit abgetragen werden. Noch im
gleichen Jahr wurde im Auftrag des Kurfürsten unter den
Bauherren Augustin Schurff und Hieronymus Krapp der Neubau errichtet.[40]

4. Schlußbemerkung

Die Wittenberger Universität wurde 1502 von Kurfürst Friedrich dem Weisen gegründet, um damit dem Manko abzuhelfen, daß das Kurfürstentum Sachsen seit der Leipziger Teilung keine eigene Hochschule mehr besaß. Für einen Landesherrn dieser Zeit war eine Universität einerseits Prestigeobjekt, andererseits politisch notwendig - Friedrich mußte also daran interessiert sein.

Zusammenfassend bleibt festzuhalten, daß die Leucorea eine rein landesfürstliche Universität ist. Allein vom Landesherrn ging die entscheidende Initiative zur Gründung aus, sie war wesentlicher Bestandteil seiner Politik, auch wenn Friedrich Unterstützung für seine Pläne gesucht und gefunden hatte - sowohl beim König als auch bei Kirchenleuten, speziell den in der Stadt ansässigen Orden, und bei humanistischen Gelehrten wie seinem Leibarzt Mellerstadt. Die Stadt Wittenberg selbst war am Aufbau einer Hochschule in ihren Mauern so gut wie nicht beteiligt. Eine vorhergehende Schultradition hatte es nicht gegeben. Es war Friedrich und niemand sonst gewesen, der bestimmt hatte: Wittenberg bekommt eine Universität.

Ein Novum war die Tatsache, daß die Privilegien der Universität zuerst vom König erteilt und nachträglich vom Papst bestätigt wurden. Der Zeitpunkt der Ausstellung des Stiftsbriefes läßt vermuten, daß auch Maximilian mit der Erteilung einer solchen Vergünstigung praktisch-politische Zwecke verfolgte.

Friedrich, und ebenso seine Nachfolger, behielt sich weitreichende Einflußmöglichkeiten auf Hochschulverfassung, Berufungen und andere inneruniversitäre Angelegenheiten vor. Schließlich wurden die Kosten zu einem nicht unerheblichen Teil von der kufürstlichen Kasse getragen. Schon dadurch hatte der Fürst immer ein Druckmittel in der Hand. Es geschah wenig ohne seine Veranlassung oder Zustimmung.

Das zeigt sich auch bei den Baumaßnahmen. Sämtliche Universitätsgebäude sind mit Zuschüssen von fürstlicher Seite errichtet worden. Wenn der Fürst nicht genug Geld bereitstellte, mußten die Bauarbeiten ruhen, wie das beim Collegium Juridicium der Fall war.

In die Lehrinhalte griff Friedrich allerdings wenig ein. Von Anfang an stand die Universität dem Humanismus offen. Luther fand hier optimale Voraussetzungen für sein Wirken, und er stand auch dann noch unter dem Schutz seines Landesherrn, als er von der römischen Kirche um seiner Lehren willen verfolgt wurde. Das Gelingen der Reformation ist daher nicht zuletzt dem Weitblick Friedrichs des Weisen zu verdanken.

5. Anmerkungen

1 Friedensburg, W.: Geschichte der Universität Wittenberg. Halle 1917

2 Stephan, B.: Beiträge zu einer Biographie Kurfürst Friedrich III. von Sachsen, des Weisen (1463-1525). Theol. Diss. Leipzig 1979

3 Die Denkmale der Lutherstadt Wittenberg. Bearb. v. F. Bellmann, M.-L. Harksen u. R. Werner. Weimar 1979

4 Daher gehörte Wittenberg als die Kurstadt zum ernestinischen Landesteil.

5 Friedensburg S.3

6 Ellwein, Th.: Die deutsche Universität: vom Mittelalter bis zur Gegenwart. Königstein/Ts. 1985. S.43

7 Stephan, Beiträge, S.190

8 So fand in Leipzig unmittelbar nach der Wittenberger Eröffnung eine Universitätsreform statt. Stephan, Beiträge, S.194

9 Urkundenbuch der Universität Wittenberg. Bearb. v. W. Friedensburg. 2 Bde. O.O. 1926-1927. (Abgekürzt: UBUW). Nr.2

10 Stephan, Beiträge, S.193

11 ebenda, S.192

12 So kam Lucas Cranach nach Wittenberg. Im Auftrag Friedrichs arbeiteten u.a. Dürer und Riemenschneider.

13 Stephan, B.: Kulturpolitische Maßnahmen Friedrichs III.,des Weisen, von Sachsen. - In: Luther-Jahrbuch 49 (1982). S.64

14 ebenda, S.64f.

15 U.a. stand er an der Spitze des Reichshofrats, und er übernahm die Vermittlungen zwischen Habsburg und Valois. - Klein, Th.: Politik und Verfassung von der Leipziger Teilung bis zur Teilung des ernestinischen Staates (1485-1572). - In: Patze, H. und Schlesinger, W.: Geschichte Thüringens, Bd.3: Das Zeitalter des Humanismus und der Reformation (= Mitteldt. Forschungen 48/III). Köln 1967. S.188f.

16 "Er (der König) werde dem sächsischen Kurfürsten einem ausge-
    zeichneten Manne, seine tochter zur Ehe geben, - falls er sie
    nicht   nach   Schottland, Polen oder England verheirate!"
    so Maximilian 1498 an den spanischen Gesandten. - Klein S.189

17 Klein S.192

18 UBUW 1

19 Bologna, Siena, Padua, Pavia, Perugia, Paris, Leipzig

20 UBUW 2

21 UBUW 57

22 Friedensburg S.11

23 Blaschka, A.: Der Stiftsbrief Maximilians I. und das Patent
    Friedrichs   des   Weisen   zur   Gründung   der   Wittenberger
    Universität. - In: 450 Jahre Martin-Luther-Universität
    Halle-Wittenberg. Hrsg. v. Leo Stern. Bd.1: Wittenberg
    1502-1817. Halle 1952. S.71

24 Timm, A.: Die Universität Halle-Wittenberg. Herrschaft und
    Wissenschaft im Spiegel ihrer Geschichte. Frankfurt/Main 1960

25 Friedensburg S.11

26 UBUW 4

27 UBUW 5

28 Stephan, Beiträge, S.213f.

29 UBUW 19

30 Die Universität Wittenberg wurde 1817 nach Halle verlegt und
    mit der dortigen Universität verschmolzen.

31 Denkmale der Lutherstadt, S.59. ImWiderspruch dazu Timm, S.17:
    "Das 'Alte Kolleg' war bei Neugründung der Universität als
    Baulichkeit bereits vorhanden."

32 Pflüger, ein Schüler Arnolds von Westfalen, entwarf für Witten-
    berg auch das Alte Collegium, das Augustinerkloster und
    wahrscheinlich das Rathaus.

33 UBUW 13

34 UBUW 32

35 UBUW 74-76

36 UBUW 75

37 UBUW 103, 112, 113, 114, 143

38 UBUW 206

39 UBUW 32

40 UBUW 185, 198

6. Anhang: Abbildungen

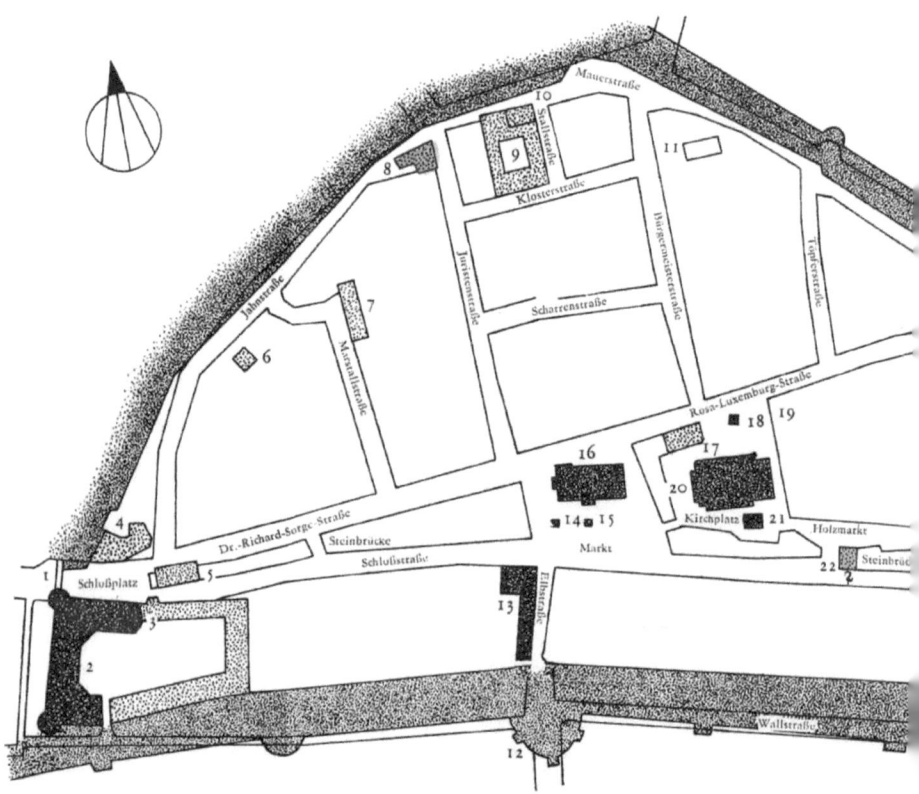

1 Coswiger bzw. Schloßtor	8 Juristische Fakultät	13 Cranachhaus
2 Schloß	bzw. Konsistorium	14 Melanchthondenk
3 Schloßkirche	9 Franziskanerkloster	15 Lutherdenkmal
4 Propstei	10 Barbarakapelle	16 Rathaus
5 Amtsmühle	11 Römisch-katholische	17 Gymnasium
6 Antoniterkapelle	Kirche	(Portal erhalten)
7 Marstall	12 Elbtor	18 Bugenhagendenk

Abb. 1: Plan des Stadtkerns mit den Universitätsbauten des 16. Jahrhunderts

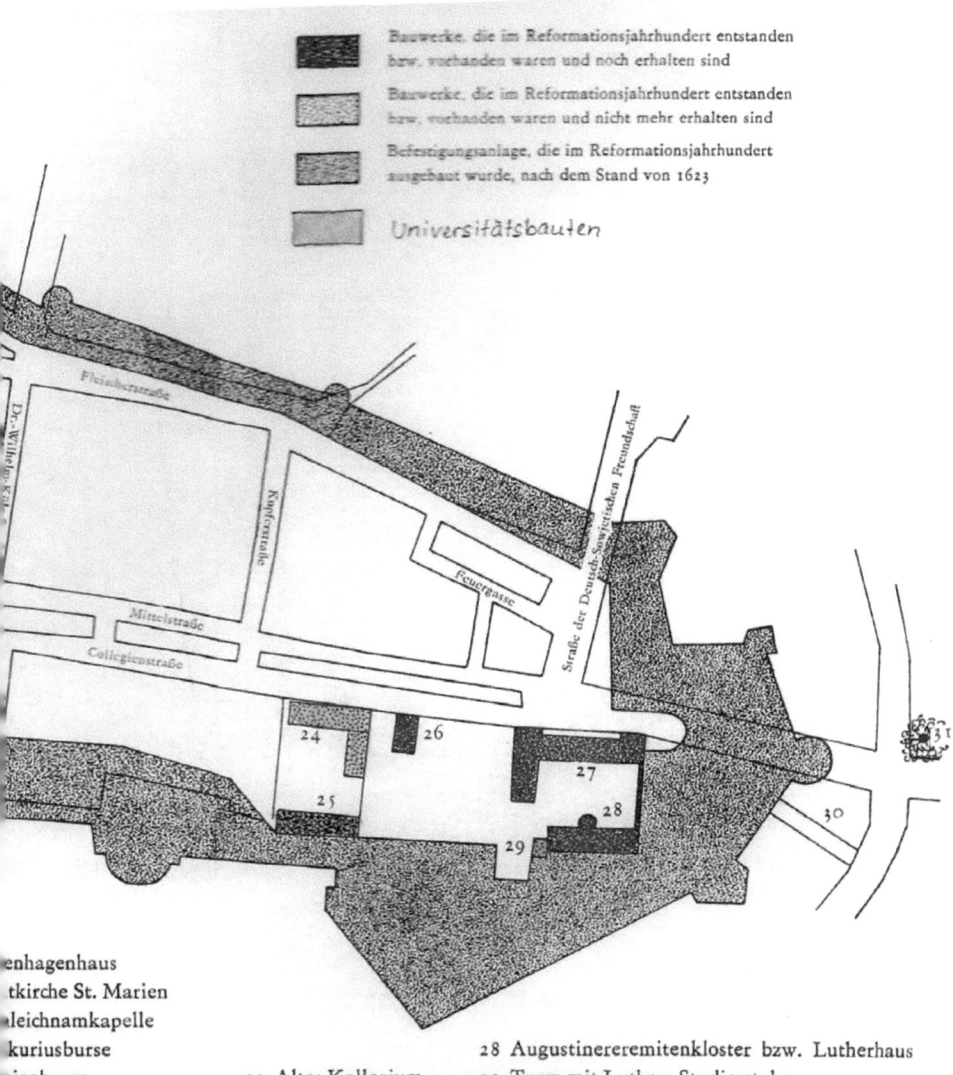

Bauwerke, die im Reformationsjahrhundert entstanden bzw. vorhanden waren und noch erhalten sind

Bauwerke, die im Reformationsjahrhundert entstanden bzw. vorhanden waren und nicht mehr erhalten sind

Befestigungsanlage, die im Reformationsjahrhundert ausgebaut wurde, nach dem Stand von 1623

Universitätsbauten

...enhagenhaus
...tkirche St. Marien
...leichnamkapelle
...kuriusburse
...ienburse
...es Kollegium
.. Fridericianum

25 Altes Kollegium
26 Melanchthonhaus
27 Augusteum

28 Augustinereremitenkloster bzw. Lutherhaus
29 Turm mit Luthers Studierstube
30 Elstertor
31 Luthereiche

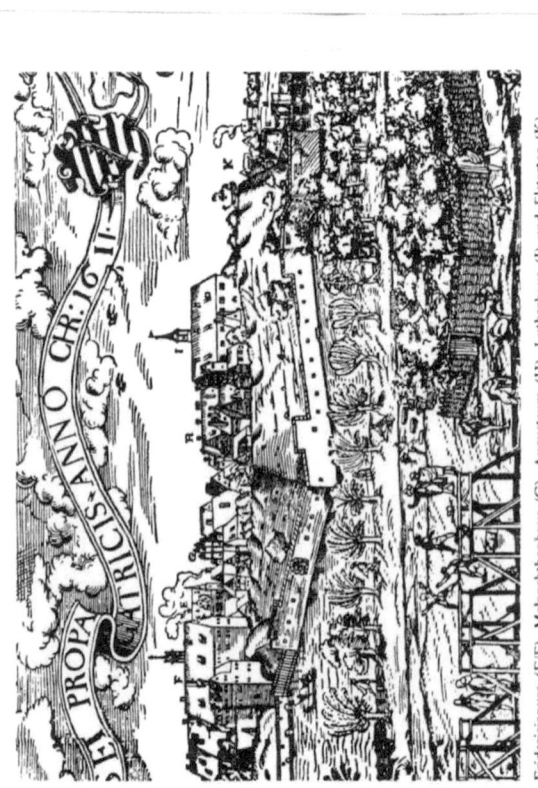

Fridericianum (F/E), Melanchthonhaus (G), Augusteum (H), Lutherhaus (I) und Elstertor (K). Ausschnitt aus der Stadtansicht von 1611 (23).

Abb. 2

Abb. 3: Schloßkirche, Inneres gegen Westen. Zeichnung von M. A. Siebenhaar. Um 1730. Wittenberg, Lutherhalle.

Abb. 4: Schloßkirche von Norden.
Holzschnitt aus der Cranach-
Werkstatt, 1509

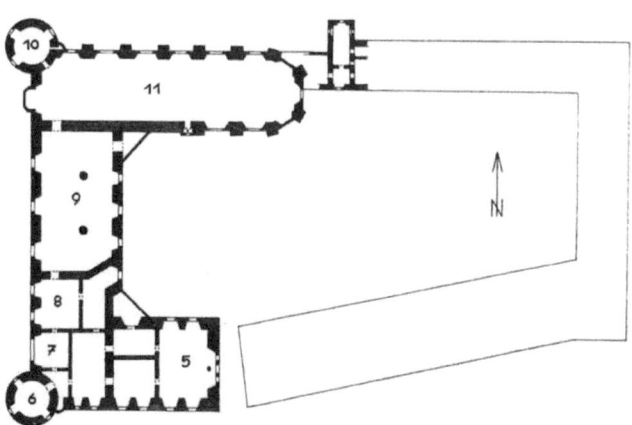

Abb.5:   Schloß mit Schloßkirche und Vorschloß, 1. Obergeschoß. Umzeichnung nach einem Plan des 17. Jh.
(5.). 1:1000. Tafelstube (5), Stammstube (6), Schlafkammer des Kurfürsten (7), Hofgerichtsstube (8),
Großer Saal (9), Herzog Johanns Stube (10), Schloßkapelle (11).

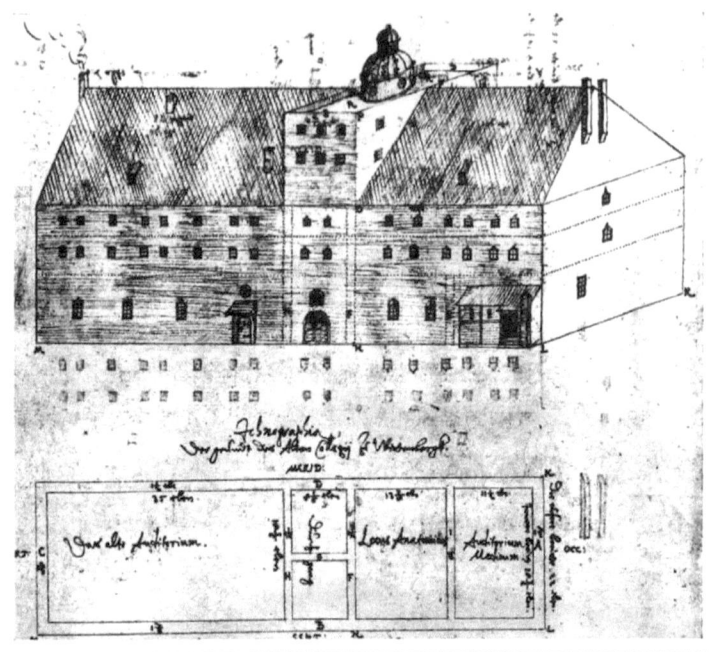

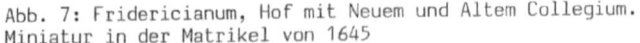

Abb. 6: Fridericianum, Altes Collegium. Bauaufnahme von 1605

Abb. 7: Fridericianum, Hof mit Neuem und Altem Collegium.
Miniatur in der Matrikel von 1645

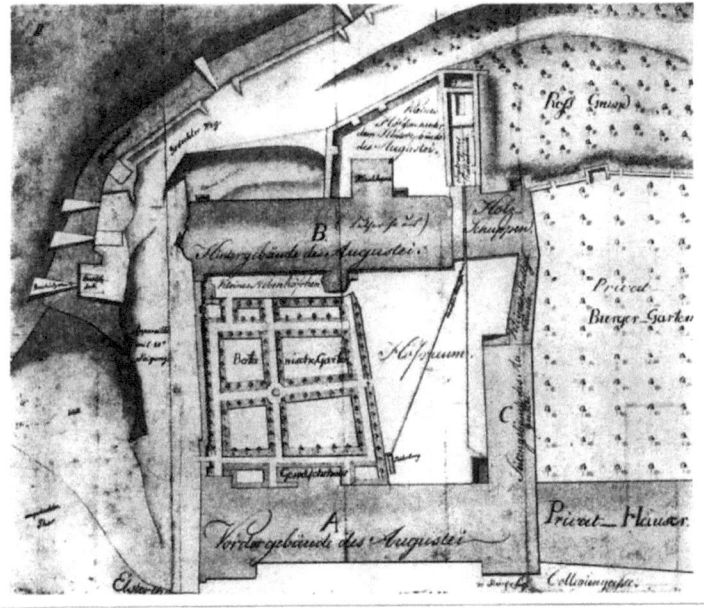

Abb. 8: Augusteum mit Lutherhaus. Lageplan um 1780

Nachweis der Abbildungen:

Abb. 1: nach: H. Junghans: Wittenberg als Lutherstadt. Berlin 1979

Abb. 2 - 8: nach: Die Denkmale der Lutherstadt Wittenberg. Bearb. v.
                    F. Bellmann, M.-L. Harksen und R. Werner. Weimar 1979

7. Verzeichnis der benutzten Quellen und Darstellungen

7.1 Quellen

Urkundenbuch der Universität Wittenberg. Bearbeitet von Walter FRIEDENS-
BURG. 2 Bände. O.O. 1926-1927. (Abgekürzt: UBUW)

7.2 Darstellungen

BLASCHKA, Anton: Der Stiftsbrief Maximilians I. und das Patent Friedrichs des
Weisen zur Gründung der Wittenberger Universität. - In: 450 Jahre Martin-
-Luther-Universität Halle-Wittenberg. Hrsg. v. Leo STERN. Band 1: Witten-
berg 1502-1817. Halle 1952. S.93-101

Die Denkmale der Lutherstadt Wittenberg. Bearbeitet von Fritz BELLMANN,
Marie-Luise HARKSEN und Roland WERNER. (Die Denkmale im Bezirk Halle. Im
Auftrag des Ministeriums für Kultur der Deutschen Demokratischen Republik
hrsg. vom Institut für Denkmalpflege, Arbeitsstelle Halle.) Weimar 1979

ELLWEIN, Thomas: Die deutsche Universität: vom Mittelalter bis zur Gegenwart.
Königstein/Ts. 1985

FRIEDENSBURG, Walter: Geschichte der Universität Wittenberg. Halle 1917

JUNGHANS, Helmar: Wittenberg als Lutherstadt. Berlin 1979

KLEIN, Thomas: Politik und Verfassung von der Leipziger Teilung bis zur Teilung des ernestinischen Staates (1485-1572). - In: PATZE, Hans und
SCHLESINGER, Walter: Geschichte Thüringens, Band 3: Das Zeitalter des Humanismus und der Reformation (= Mitteldt. Forschungen 48/III). Köln 1967.
S. 146-294

STEPHAN, Bernd: Beiträge zu einer Biographie Kurfürst Friedrich III. von
Sachsen, des Weisen (1463-1525). Theol. Diss. Leipzig 1979

Ders.: Kulturpolitische Maßnahmen Friedrich III., des Weisen, von Sachsen.
- In: Luther-Jahrbuch 49 (1982). S. 50-95

TIMM, Albrecht: Die Universität Halle-Wittenberg. Herrschaft und Wissenschaft
im Spiegel ihrer Geschichte. Frankfurt/Main 1960

BEI GRIN MACHT SICH IHR WISSEN BEZAHLT

- Wir veröffentlichen Ihre Hausarbeit,
  Bachelor- und Masterarbeit

- Ihr eigenes eBook und Buch -
  weltweit in allen wichtigen Shops

- Verdienen Sie an jedem Verkauf

**Jetzt bei www.GRIN.com hochladen
und kostenlos publizieren**